WUNDERRAUM
Lesen ist ankommen.

Elisa Ruotolo

Ich zeig dir die Welt

Freunde können sich nicht suchen,
sie finden sich

Aus dem Italienischen von Verena von Koskull

Mit Illustrationen von Chiara Palillo

WUNDERRAUM

Für jene, die wissen, dass die Liebe ihre eigenen Uhren und Astrolabien hat. Und frei von der Zeit erklingt.

Und für Rosaria, immer.

»Was tue ich hier in diesem endlosen Winter!«

Franz Kafka, *Ein Landarzt*

Der kleine Hugo Singer wurde im Sommer eines Jahres geboren, das niemandem bemerkenswert schien. Dennoch war seine Geburt ein Ereignis. Er schlüpfte aus einem einzigen, harten, grauen Ei, das Ester nach ihrer langen Zweisamkeit mit Adam endlich hatte legen können. Solang er in der Schale steckte, träumte Hugo davon, in einem dichten Wald zu wohnen, mit Vögeln, die weit oben durch den Himmelsausschnitt fliegen; oder in einem Feld von nach Wind und Regen duftenden Sonnenblumen, oder an einem Strand zwischen Muscheln und Mollusken, die ihn neugierig begrüßen. Doch nach der großen Anstrengung, die es ihn gekostet hatte, die Schale, die ihn rund drei Monate lang umhüllt hatte, aufzubrechen, fand er sich an einem feuchten, dunklen Ort voller ausrangiertem Krempel wieder.

An seinen fantasievollen Träumen war Mutter Ester schuld. Tag für Tag, von morgens bis abends, hatte Hugo die Erzählungen aus den Jahren vor dem Keller mitgehört. Denn es hatte eine Zeit gegeben, in der Ester und Adam die Welt, die strahlende Sonne vieler Sommer gesehen und sich ungehindert in scheinbar endlosen Weiten getummelt hatten (trotz des Gitterzauns, der selbst die Hühner am Fortgehen hinderte). Es waren glückliche Jahre gewesen.

Ester und Adam waren sich in einer Gruppe lieblos gezüchteter Schildkröten begegnet, die einzeln verkauft und in alle Welt verschickt werden sollten. Inmitten der Trennungen erwählten sie einander und liebten sich von Anfang an und immer mehr, denn schließlich konnte jeder Tag der letzte sein.

Sie blieben beide übrig. Adam wegen seines unregelmäßigen Panzers, dessen Plättchen teils so merkwürdig aussahen, als hätte sie jemand absichtlich durcheinandergebracht. Ester, weil man glaubte, sie würde ein Ei nach dem anderen legen und so für fabelhaften und zahlreichen Nachwuchs sorgen, genau wie die anderen Weibchen, die alle irgendwann grau und träge geworden waren: mit erloschenem Blick, weil sie allzu viele Kinder hatten ziehen sehen, immer in Eile, trotz des schweren Panzers. Adam war einer der wenigen, die noch da waren, doch statt den Kopf hängen zu lassen, reckte er ihn übermütig in die Höhe, voller Gedanken, die er nur Ester anzuvertrauen wagte.

Es waren Fluchtgedanken.

Zuerst hatte er die Umzäunung des Geheges erkundet und sie Zentimeter für Zentimeter nach einer Schwachstelle abgesucht. Als ihm klar wurde, dass er nur mit Kraft und List entkommen würde, suchte er sich den verstecktesten Winkel und begann zu graben. Inzwischen tat er das seit mindestens drei Jahren.

Als er Ester davon berichtete, waren sie bereits zu verliebt, als dass sie etwas dagegen einwenden hätte können. Nur hielt sie das Unterfangen für aussichtslos; Adam würde womöglich wahnsinnig werden vor Kummer, auf ewig in diesem Gefängnis bleiben zu müssen, und nicht einmal sie würde ihn dazu bewegen können, sich daran zu gewöhnen.

Adam sollte nie von Esters Befürchtungen erfahren, und er führte sein Werk zu Ende, ohne den Verstand zu verlieren. Stattdessen war das Erste, was er tat, als er endlich auf der anderen Seite des Zaunes herauskam, umzukehren und sie zu holen. Als sie sich davonmachten, war es Herbst. Sie krabbelten durch das gefallene Laub und ernährten sich von Wildkräutern. Als sie sich davonmachten, wurde das Licht der Tage schon kürzer und das Blut in ihren Adern träger.

Adam redete und redete, um die Schläfrigkeit abzuschütteln, die ihn drängte, sich in seinen Panzer und unter die Erde zu verkriechen. Als es schließlich so weit war, suchten sie sich ein Plätzchen mit weicher, fast unberührter Erde. Es war ihr erster gemeinsamer Winterschlaf, und nie zuvor hatten sie tiefer geschlafen. Adam wandte all seine Kunst auf, damit ihre Panzer sich diesmal den ganzen Winter über berührten. Im Frühling brachen sie dann auf, um die Welt zu entdecken.

Sie wanderten die Hauptstraße entlang und versteckten sich manchmal zwischen Steinen und

Unkraut. Hin und wieder hörte man es knallen, hörte flüchtende Schritte und Schreie, oder eine Stille, die gewaltsam durch ihre Panzer drang. Bis eines Abends ein Geräusch ertönte, das nicht von dieser Erde und nicht von den Menschen zu stammen schien. Dinge flogen durch die Luft, als hätten sie Flügel.

Der Krieg hatte begonnen, und zwei von Erde und Missetaten schwarze Hände hoben sie hoch und schoben sie in einen Wagen. Irgendwo in der Ferne tobte die Schlacht, und die Leute brauchten etwas zu lachen, sie wollten ihre Sorgen durch Fantasie vertreiben. Adams und Esters Krieg war wie ein anstrengender Jahrmarkt. Ein mühseliges Erlernen von Dingen, die sie weder konnten noch können wollten. Tagelang dressierte man sie, über hölzerne Gerüste zu balancieren, die wie Zahnräder eines Uhrwerks ineinandergriffen, und unter Fallbeilen hindurchzukrabbeln, die sie im nächsten Augenblick verstümmeln konnten. Sie tingelten durch die Welt, sahen neue Menschen und Städte, wurden die Lieblingsnummer von Kindern und Erwachsenen, die auf ihre rot und hellblau, gelb und türkis bemalten Panzer wetteten.

Nie wieder waren sie so unglücklich wie damals.

Doch Adam kannte ein Gegenmittel, und obwohl er ein paar Jahreszeiten älter geworden war, begann er von Neuem zu graben. Als Ester sich auf

der x-ten Flucht wiederfand, beklagte sie sich ein wenig über dieses Vagabundenleben und gestand ihm – während sie ihm nachkrabbelte – ihren ganzen Unmut. Sie sagte, sie liebe ihn zwar von Herzen, doch einen weiteren Ausbruch würde dieses Gefühl nicht überstehen.

Während er vorneweg lief, fühlte sich Adam plötzlich allein und fragte sich, was er mehr liebte: Die Freiheit (für die er sich geboren fühlte) oder diese Schildkröte, die nicht mit ihm Schritt zu halten vermochte und ihn stets zwang, zurückzuschauen und zu warten. Sein Instinkt drängte ihn, weiterzulaufen und sich nicht um sie zu kümmern, bis etwas in seinem Panzer, an einer Stelle, die er nicht zu benennen vermochte, schwer zu werden begann. Es wurde so schwer, dass er sich nicht mehr vom Fleck rühren konnte. Da drehte Adam sich um, und die Erleichterung, sie hinter sich zu sehen und zu spüren, wie der Stein in seinem Inneren davonrollte, musste wohl Liebe sein.

Er beschloss, anzuhalten, doch statt auf sie zu warten, ging er ihr entgegen und machte nur einen

kleinen Abstecher zu einer Mohnblume, die er am Stängel abbiss, um sie ihr zu schenken. Da fühlte er etwas ungewöhnlich Hartes unter der Erdschicht. Kaum hatte Adam die Krallen auf die verdächtige Oberfläche gesetzt, da schleuderte etwas – ein heftiger Stoß, ein Vulkan, eine sinnlose Explosion, eine verirrte, vom Himmel gefallene Wolke – ihn in die Luft. Er flog immer höher und weiter, er und seine rote Mohnblume. Unten reckte Ester den Kopf so weit sie es vermochte, um ihn in der Staubwolke zu suchen, und hätte sie gekonnt, hätte sie geschrien. Sie wartete lange auf ihn, stundenlang. Dann durchkämmte sie in dem Chaos aus Laub und Unkraut tagelang das Feld. Als sie begriff, machte ihr die Welt plötzlich mehr Angst, denn sie war größer und lauter geworden. Auf einmal verwirrten sie die Straßen, und sie wusste nicht, für welche sie sich entscheiden sollte. Alles wirkte schneller, aber diese Schnelligkeit war böse: Sie wartete nicht und hielt nicht an, um Mohnblumen zu pflücken.

Nach und nach verlernte Ester, auf sich achtzugeben: Die Wehmut fraß sie auf. Nachts wanderte sie

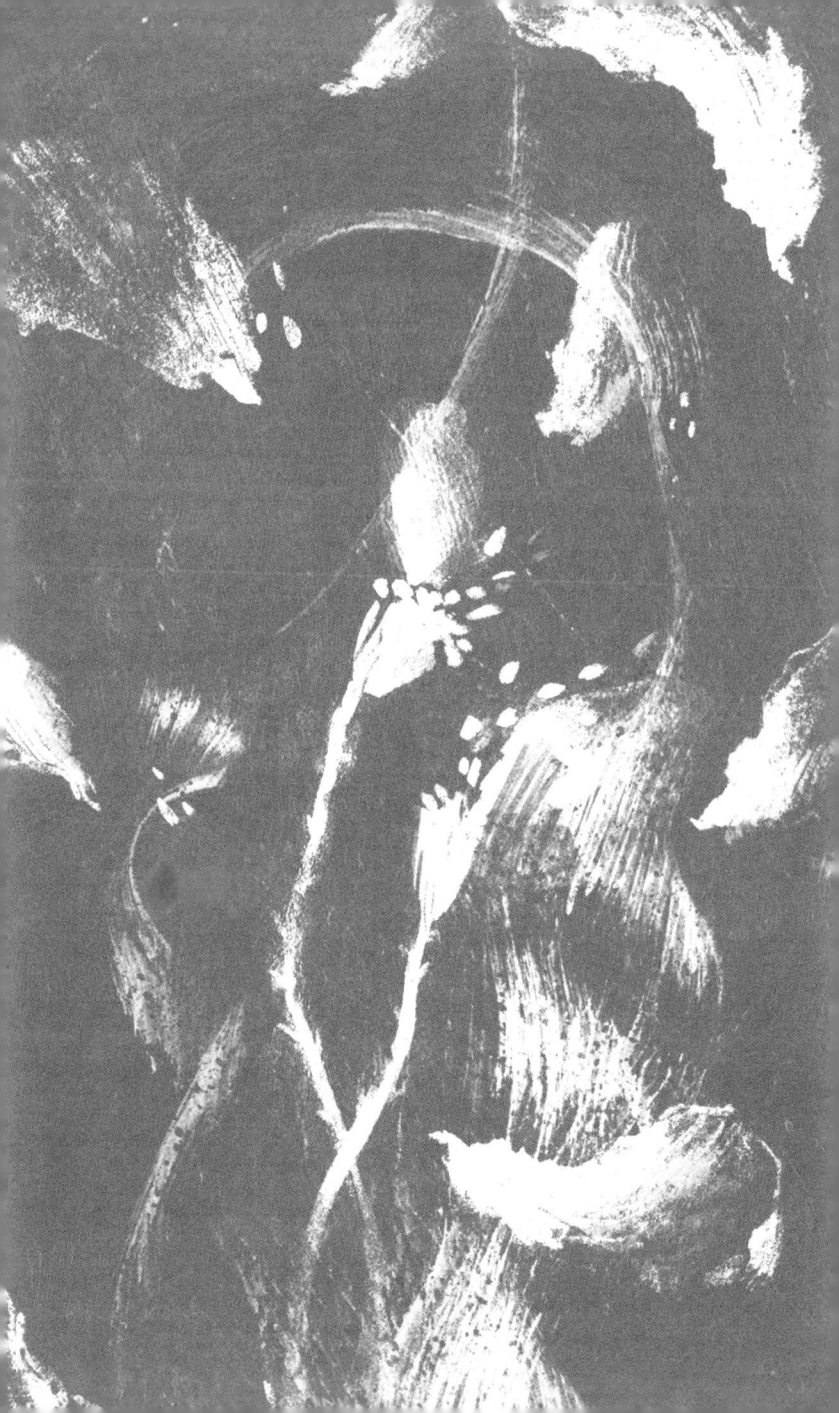

bis zur Erschöpfung, und wenn der Tag vorüber war, suchte sie sich irgendein Erdloch, um sich auszuruhen. Es war Frühling, doch sie wünschte, es wäre Herbst. Am liebsten hätte sie sich in ihrem Panzer verkrochen und wäre verschwunden. Sie wünschte, der Winter dauere diesmal ewig und drehe der schönen Jahreszeit eine Nase, ließe sich in den Feldern nieder wie ein alter Mann, der gar nicht ans Fortgehen denkt und mit seinem Stock die Vögel aus ihren Nestern, die Blumen aus ihren Beeten, ihren Duft aus ihren prächtigen Kronen und selbst die Sonne samt der Schar rebellischer Wolken vertreibt. Stattdessen war jeden Tag Frühling. Es gab kein Entrinnen.

Um dem Frühling zu entkommen, beschloss Ester eines Abends, als sie des Wanderns müde war, bei der erstbesten Gelegenheit in irgendeinem Keller unterzukriechen. Solche dummen Gedanken hatte ihr Adam stets verboten, und bis dahin hatte sie auch nie so etwas tun wollen. Aber sie war so müde … Der Bauch unter dem Panzer war schwer, und Es-

ter musste verschnaufen. Dort in der Tiefe war es stockfinster, und es roch nach Schimmel, doch die Stille beruhigte sie. Also schob sie sich auf der Betonkante nach vorn, verharrte einen Moment lang in der Schwebe, rollte sich beim Fallen zusammen und betete, nicht auf dem Rücken aufzukommen. Sie landete auf dem Bauch, auf etwas Weichem. Der Aufprall verstärkte das Drücken im Bauch, und Ester hatte Angst. Musste das denn ausgerechnet jetzt losgehen?

Sie hatte noch nie ein Ei gelegt und wusste nicht, was zu tun war. Sie erinnerte sich nur an die Aufregung bei den anderen, doch als Ausgeschlossene hatte sie immer nur einen neidvollen Blick riskiert. Wie dumm von ihr, nicht richtig hingesehen zu haben!

Weil es stockfinster war, tastete sie sich vorsichtig vorwärts, doch sobald ihre Augen sich an die Schatten gewöhnt hatten, nahm die Umgebung Gestalt an. Es war ein großer Raum, der Fußboden aus gestampfter Erde; er schien sich über die gesamte Grundfläche des Hauses zu erstrecken, mehrere Betonpfeiler stützten die Decke. Die Wände waren mit gestapelten Kartons und ausrangierten Möbeln zugestellt und ließen sich nur erahnen.

Ester suchte sich den entlegensten Winkel. Sie fand etwas, das wie eine große Holzkiste ohne Boden aussah, und kroch hinein. Dort scharrte sie eine kleine Kuhle in die harte Erde, eine flache Grube, um ihre späte Leibesfrucht darin abzulegen. Vom Instinkt geleitet, legte Ester an jenem Abend, in der Stille eines fremden Kellers, ihr erstes und einziges Ei. Es war größer als die, die sie bisher gesehen hatte – wenn auch nur aus dem Augenwinkel. Es hatte eine graue Schale, die nicht besonders vielversprechend wirkte und womöglich nicht lange halten würde. Ester zog das Ei an sich, und als sie seine lebendige Wärme spürte, schlief sie so zufrieden ein wie schon lange nicht mehr.

Am nächsten Tag wurde sie von einem hartnäckigen Geräusch geweckt, und noch ehe sie die Augen aufschlug, dachte sie an ihr Ei. Sie versuchte, es an sich zu ziehen, doch vergeblich, denn *es* war nicht mehr da. Suchend blickte sie sich um, doch *es* war verschwunden. Vielleicht hatte sie es in ihrer Unerfahrenheit

falsch gehalten. Vielleicht war es im Schlaf in eine Kellerecke gekullert. Oder jemand hatte es ihr weggenommen, geklaut, für immer fortgeschafft. *Es*, ihre einzige Chance, nicht mehr allein zu sein.

Wieder ertönte das Geräusch, das sie geweckt hatte. Es hatte etwas Vertrautes, und jetzt erinnerte sie sich, es während ihrer Jahre im Zirkuswagen gehört zu haben, beim Auftritt der Fliegenden Maus (die mithilfe einer Schleuder in die Höhe katapultiert wurde, um dann an einer Art Fallschirm zu Boden zu segeln). Beim Herabschweben quietschte die Fliegende Maus wie das Tier, das gerade ihr Ei wie einen Ball herumkickte. Ester verspürte einen Stich, der mitten durch ihren Panzer fuhr. Voller Wut und Angst, es könnte zu spät sein, stürmte sie los. Bei ihrem Anblick nahm die Maus erschreckt Reißaus.

Sie schien noch ganz klein zu sein.

So behutsam wie möglich rollte Ester das Ei an genau die Stelle zurück, an der sie es abgelegt hatte, schmiegte ihr Gesicht daran, spürte, dass es noch warm war, und lächelte, beruhigt von einem rhythmischen Ticken: *Es* war noch da.

In den folgenden Wochen schlief Ester wenig. Ständig wachte sie auf und kontrollierte ihr Ei. Seit sie festgestellt hatte, dass sie nicht allein im Keller war, fühlte sie sich unwohl und blieb auf der Hut. Doch die Mäusefamilie war einfach nur laut und hatte ein Nest voller Mäusekinder, die ihr das Warten verkürzten. Auf jenen Zwischenfall war ein respektvoller Frieden gefolgt, währenddessen sich die Mäuschen nicht mehr in ihre Nähe wagten. Sie beäugten sie aus sicherem Abstand, sie und das Spielzeugei, als fiele es ihnen schwer, es direkt vor der Nase zu haben.

Bis Ester eines Morgens vor der Holzkiste, in der sie wohnte, ein kleines Stück Käse fand. Jemand musste es in der Nacht dorthin gelegt haben, und sie wollte es gerade wegschieben, als ein zartes Stimmchen ertönte.

»Du musst essen!«, sagte es. »Du musst zu Kräften kommen, sonst wirst du noch krank.«

Ester schob den Kopf aus der Kiste und erspähte am anderen Ende des Kellers, zwischen einem alten Hut und einer zerfressenen Decke, das Mäuschen, das mit ihrem Ei gespielt hatte.

»Das ist nett von dir, kleine Maus«, antwortete sie, »aber das kann ich nicht essen.«

»Warum denn nicht? Das ist das beste Stück Käse, das wir im Haus hatten, und du verschmähst es?«

»Ich verschmähe es nicht: Ich bin andere Nahrung gewohnt.«

»Und welche?«

»Hauptsächlich Grünzeug. Aber auch Obst und Gemüse. Etwas anderes bekomme ich einfach nicht hinunter. Verzeih, kleiner Mäuserich.«

Während das Mäuschen zuhörte, war es schüchtern näher gekommen.

»Willst du mir weismachen, du ernährst dich nur von solchen Schweinereien!?«

Ester lächelte: »Das Gleiche könnte ich zu dir sagen.«

»Du bist vielleicht ein komisches Tier …«, fuhr das Mäuschen fort. »Mama sagt, dass ich dich Schildkröte nennen soll, und dass ihr lange lebt, viel länger als wir.«

»Das stimmt.«

»Kannst du mir auch sagen, weshalb?«

»Vielleicht, weil wir langsamer leben«, meinte Ester. »Und viel schlafen …«

»Wie viel?«

»Den ganzen Winter über, und sogar schon ab Herbst, wenn es ein kalter Winter wird.«

»Das ist ja noch seltsamer als die Sache mit dem Käse!«, rief die Maus und wagte sich so nah heran, dass sie Ester fast berührte. »Soll das heißen, dass du monatelang schläfst?«

»Ja.«

»Ohne Essen und Trinken?«

»Ganz genau.«

»Und schläfst du auch, wenn du keine Lust dazu hast?«

»Das hat nichts mit Lust zu tun, es liegt in unserer Natur.«

Das Mäuschen seufzte erleichtert: »Da habe ich ja Glück: Ich habe nämlich ständig Hunger.«

»Dann iss doch einfach du den Käse«, schlug Ester vor.

Die kleine Maus nahm den Leckerbissen in die Pfötchen, doch als sie hineinbeißen wollte, hielt sie inne: »Warum bist du so traurig?«

»Nun ja, als ich beschloss, in diesem Keller zu bleiben, war ich wirklich sehr traurig und einsam. Aber dann ist *es* gekommen«, sagte sie und deutete auf das Ei.

»Welches es?«

»Mein Kind.«

»Willst du damit sagen, dein Kind ist in diesem grauen Ball?«

Diesmal musste Ester lachen, voller Freude, ihr

spätes Glück zu teilen. »Ja«, sagte sie, »da drin ist ein Kind, genauso eins wie du.«

»Wieso kommt es dann nicht raus?«, rief die kleine Maus mit vollen Backen, und ihre Tasthaare zitterten bei jedem Bissen.

»Man muss ihm Zeit geben.«

»Wie viel braucht es denn noch?«

»Mindestens drei Monate.«

Das Mäuschen verdrehte die Augen: »Puh, ihr seid wirklich seltsam!«

In dem Moment rief jemand nach ihm, und folgsam flitzte es davon. Es verschwand in einem Haufen Lumpen, und die Stimme, die es zurückgepfiffen hatte, würde ihm für seine Neugier gehörig den Kopf waschen.

Jeden Morgen kehrte das Mäuschen zu Ester zurück. In der Nacht schlich es sich aus dem Keller und durchstöberte die Vorratskammer, den Gemüsegarten und jeden anderen Ort, an dem es die von Ester beschriebene Nahrung finden konnte: Nahrung, die ihrer Natur entsprach. Mit der Zeit lernten sie die Gewohnheiten des anderen kennen, ohne zu urteilen, und immer seltener hörte Ester den Ruf, der sie der Gesellschaft des Mäuschens beraubte. Seine Artgenossen, die zwar noch schüchtern, aber nicht mehr so misstrauisch waren, fingen an, sie von Weitem zu grüßen.

Nach und nach lernte Ester, auch allein zurechtzukommen. Bei ihren Streifzügen durch den Keller hatte sie eine Ecke entdeckt, in der die weiche Erde ein schmackhaftes Wildkraut hervorbrachte.

Außerdem stellte sie fest, dass die in der Feuchtigkeit wuchernden Pilze in Ermangelung eines Besseren gar nicht so übel schmeckten; und dass die im Haus lebenden Kinder, die mitunter in dem alten Krempel wühlten, nicht nur Unordnung hinterließen, sondern auch Apfelbutzen und andere interessante Essensreste. Dank ihrer aufmerksamen Erkundungsgänge und dem, was der kleine Mäuserich für sie auftreiben konnte, litt Ester nie Hunger. Die wiedergefundene Seelenruhe machte ihr auch Lust, sich zu erinnern und von sich und ihren Reisen zu erzählen.

Reglos lag das noch immer in seiner Schale eingeschlossene Wesen zwischen seiner Mutter und dem Mäuschen und hörte zu. Später wurde vermutet, sein vorzeitiges Schlüpfen könnte der Wunderlichkeit dieser Erzählungen geschuldet sein. Ester beschrieb gerade die rote Mohnblume, die sie in ihre Einsamkeit verbannt hatte, als sie eine Pfote aus dem Ei lugen sah.

Und dann noch eine.

Und dann den Kopf.

Hugo kam so blitzschnell hervor, dass er eindeutig mehr Adams als Esters Kind war.

Doch dann lächelte er, und sie vergaß alles andere: Diesmal flog die rote Mohnblume so hoch und weit, dass sie meinte, sie für immer aus den Augen zu verlieren.

Den Kleinen Hugo zu nennen, kam Ester fast wie von selbst, denn sah man ihm ins Gesicht, schien es für ihn keinen anderen Namen zu geben. Und da er in einer alten Singer-Nähmaschine zur Welt gekommen war, hieß er bald für alle Hugo Singer. Die neugierig herbeihuschenden Mäuse vergaßen nicht, ihm in Milch eingeweichte Brotkrusten und reife Aprikosenstückchen auf frisch stibitzten Salatblättern mitzubringen. Vorneweg der sich fast ehrfürchtig nähernde Mausejunge: Er wollte nachsehen, ob sein Spiel mit dem Ei Schäden hinterlassen hatte. Kaum hatte er sich vergewissert, dass alles in Ordnung war, kam er noch näher und erklärte in großbrüderlichem Ton, er heiße Sam. Hugo lächelte ihn an und malte sich die zahllosen Dinge aus, die man mit einem solchen Freund tun könnte.

In den ersten Tagen, die er in der Kiste zwischen den Scherben der Eierschale verbrachte, achtete Hugo nicht auf die Dunkelheit und die feuchte Luft, doch als er seine ersten Schritte tat und feststellen musste, dass er sich in einem Kellerraum befand – zwischen hohen, schummrigen Wänden, beengt durch Kartons und kaputte Spielsachen und alte Möbel, die ihm Angst machten –, war er enttäuscht.

Nach alldem, was er geträumt hatte, verstand er diesen Keller nicht.

Als er seine Mutter danach fragte, erklärte sie ihm, dies sei nun einmal ihre Welt: zwischen Schaukelpferd und Nähmaschine. Das sei alles.

»Und der Rest?«, fragte Hugo.

»Welcher Rest?«

»Der *ganze* Rest.«

Ester gab sich alle Mühe, ihm die draußen lauernden Gefahren in den glühendsten Farben zu schildern.

Das riesige Chaos, vor dem sie in Sicherheit waren.

Die Schnelligkeit, für die sie nicht gemacht waren.

Die trügerische und bösartige Schönheit der roten Mohnblumen.

Hugo verstand es einfach nicht.

Er starrte auf die Kellerluke, durch die Licht und Geräusche zu ihnen herunterdrangen, und träumte davon, sie zu erreichen.

Von Adam hatte er nicht nur die Ungeduld geerbt.

Der Frühling verging, und der Sommer kam. Sams Gesellschaft und die eigene Unwissenheit ließen Hugo weniger Fragen stellen, als er gewollt hätte. Unendliche Male durchforschte er den Keller und versuchte, mit Sams Toben mitzuhalten, auch wenn er wegen seines sperrigen Panzers häufig zurückstecken musste. Mit der Zeit lernte Sam dazu und schlug ihm Spiele vor, bei denen Hugos Panzer nicht im Weg war, doch bald hatte Sam keinen Spaß mehr an diesem Zeitvertreib, und das nicht, weil er nicht auf seine Kosten kam, sondern weil die Zeit für ihn schneller verging.

Am Ende des Sommers war Hugo immer noch ein Kind, aber Sam hatte sich verändert. Seine Tasthaare waren drahtiger geworden, und sooft er konnte, schlich er sich wie ein Getriebener ins Freie.

»Wie ist es denn da draußen?«, fragte Hugo, kaum war er zurück.

»Oh«, antwortete Sam obenhin, »da draußen ist die Welt!« Und jedes Mal glomm ein seltsames Licht in seinen Augen auf.

Dieses Wort verschlug Hugo den Atem.

Er wiederholte es, während er von einer Kellerecke in die andere wanderte.

Die Welt.

Und er schwor seinem Freund, dass auch er sie früher oder später sehen würde.

So fingen sie an, Pläne zu schmieden. Unterdessen wurde das hereinfallende Licht immer trüber und matter, das Blut in Hugos Körper floss langsamer, und er glitt in seinen ersten Winterschlaf. Anfangs glaubte er, er sei nur müde, und verabschiedete sich von seinem Freund, als würde er ihn in ein paar Stunden wiedersehen. Stattdessen war es Frühling, als er wieder aus seiner Kellerecke kroch. Die Welt war noch genauso, wie er sie in Erinnerung hatte: Seine Mutter war in seiner Nähe, alles war unverändert.

Alles, außer Sam.

Kaum war er wieder ganz zu Kräften gekommen, nahm Hugo seine Rundgänge auf. Er wollte gerade in die alte Nähmaschine schlüpfen, als eine Maus sich ihm in den Weg stellte. Zuerst bekam Hugo einen kleinen Schreck, doch dann nahm er seinen ganzen Mut zusammen und erkundigte sich nach seinem Freund Sam.

Die Stimme des anderen klang vertraut: »Habe ich mich so sehr verändert?«

Im Laufe des Winters, als Hugo tief geschlafen hatte, war Sam gewachsen, hatte eine Familie gegründet und war zu einem erwachsenen, ernsten Mäuserich geworden, der keine Zeit mehr hatte, mit Hugo zu spielen oder ihm die Welt zu zeigen.

Hugo fühlte sich vom Winterschlaf und von seinem Freund betrogen, der offenbar auch ohne ihn gut zurechtkam.

Ohne viele Worte zu verlieren, verabschiedete Hugo sich hastig und krabbelte davon, um sich in seinen Panzer zu verkriechen.

Dort, fern aller Blicke, weinte Hugo lange.

Ein Winter verging, dann ein weiterer. Bei jedem Erwachen fühlte sich Hugo verlorener: In seiner Abwesenheit veränderte sich alles, die anderen wurden groß und alt oder verschwanden ganz. Sie eilten in rasendem Tempo vorbei, und es war zu schwer, den Kontakt zu halten. Winterschlaf zu machen war wie ein Abschied, den man zwar nicht verurteilen, aber dem man auch nicht wirklich verzeihen konnte. Es war, als hätte die Zeit einen Knacks: Für Hugo verging sie stockend und langsam, wie es seiner Natur entsprach; für die anderen aber plätscherte sie fröhlich dahin. Er meinte, sie vorbeihuschen zu sehen wie Sams Kinder, die hinten im Keller spielten, während er es kaum schaffte, den Kopf zu drehen, um ihnen mit dem Blick zu folgen. Wie gern hätte er sich diesem Rhythmus angepasst, hätte er sich gezwungen, wach zu bleiben, doch dann kam dieser Moment, in dem das Blut langsamer, der Verstand dumpf und die Lider schwer wurden. Alles verlosch, und man konnte nichts dagegen tun: Hugos langer Winter begann.

Immer wieder hatte er herauszufinden versucht, was in dieser unbekannten Jahreszeit vor sich ging, doch die Antworten waren ausweichend oder geheimnisvoll gewesen und hatten seine Neugier erst recht befeuert.

Bis eines Abends, als Hugo gerade aus seinem dritten Winterschlaf erwachte, Sam wieder bei ihm auftauchte.

»Wie seltsam, mein Freund«, sagte er irgendwann kopfschüttelnd. »Seit ich dich vor einer Ewigkeit kennenlernte, hast du dich so gut wie gar nicht verändert. Ich hingegen …«

Hugo betrachtete seinen ersten Spielkameraden: Er war ein müder, alter Mäuserich geworden. Die Bewegungen fielen ihm schwer, und seine weißen schütteren Tasthaare zitterten leise, wenn er sprach. Inzwischen verließ er den Keller nur noch selten, und das Draußen, das ihn in der Jugend so unwiderstehlich angezogen hatte, bestand nun in seinen Worten aus denselben Gefahren, von denen Mutter Ester immer sprach.

»Ich hinke hinterher, Sam«, sagte Hugo betrübt. »Ich hocke hier in diesem Keller und weiß nichts von der Welt und erst recht nichts vom Winter.«

»Würdest du denn gern fortgehen?«

»Ich wüsste gern, was hinter diesen Stufen ist«, sagte Hugo und deutete zu der Treppe, die ins Erdgeschoss führte, »und hinter dem Sommer.«

»Das Erste lässt sich bewerkstelligen: Rauszukommen ist nicht unmöglich.«

»Und was ist mit dem Winter?«

»Tja, da bin ich überfragt: Ich glaube nicht, dass man den Winterschlaf überlisten kann.«

»Aber du …«, Hugo zögerte mit seiner Frage. »Würdest du mir helfen, Sam?«

»Wobei?«

»Die Treppe hochzukommen und mich bis in den Winter zu bringen.«

»Ich bin alt, Hugo … Außerdem weiß ich nicht, ob du dort draußen wirklich etwas Gutes findest.«

»Und warum bist du dann tagelang dort draußen geblieben?«

»Nun ja, ich war flink. Im Notfall konnte ich mich verstecken, in ein Loch schlüpfen und verschwinden. Aber du …«

»Das kann ich lernen.«

»Mit diesem Panzer?«

Wieder schüttelte Sam den Kopf und bereute es sofort, doch jetzt war es schon heraus.

Auf diese Worte folgte ein tagelanges Schweigen. Wieder fing Hugo an, die Kellermauern entlangzuwandern, als säße er in einem Käfig. Auf und ab, auf und ab. Inzwischen war jedem klar, was er vorhatte: Mutter Ester, die in der Unruhe ihres Sohnes den fieberhaft buddelnden Adam wiedererkannte; Sam, der zerknirscht darüber war, trotz der Weisheit seiner Jahre nicht die richtigen Worte gefunden zu haben, um seinem Freund zu helfen. Hin und wieder ertappte er sich dabei, wie er Hugo um all die verbleibende Zeit beneidete, während die seine, genau wie seine Kräfte, mit jeder Woche schwand. Doch empfand er auch eine väterliche Zärtlichkeit und eine Spur Mitleid für ihn, war doch die Last, die seine Schritte bremste, der Preis für dieses lange Leben. Schweigend sah er ihm zu, bis er es nicht mehr ertrug. Er stand auf, ohne sich um seine schmerzenden Knochen zu scheren, und ging zu seinem Freund. »Ich hätte da eine Idee, um dich hier rauszubringen«, sagte er.

Hugo sah ihn lange an, hin- und hergerissen zwischen Hoffnung und Ungläubigkeit.

»Dann hilfst du mir also, Sam?«

»Darauf kannst du wetten, mein Freund! Und wenn es das Letzte ist, was ich tue.«

Als Erstes galt es, sich eine feste Kordel zu besorgen. Das schien gar nicht so einfach zu sein, doch dann erinnerte sich Sam, Jahre zuvor ein Knäuel in einer der Truhen gesehen zu haben. Nachdem er die Truhe gefunden hatte, gelang es ihm mithilfe seines jüngsten Wurfes, das Knäuel herauszufischen und seine Länge zu prüfen. Erst dann wischte er sich den Schweiß ab und brachte mit erschöpfter Stimme hervor, man müsse die Schnur fest um den Panzer binden, und dann ...

»Und dann?«, fragte Hugo bang.

»Dann lässt du mich machen.«

Stumm verfolgte Mutter Ester jeden Schritt. Sie spürte, dass sie nichts mehr tun konnte für diesen Sohn, dessen stürmische Ideen ihr Leben gründlich durcheinandergewirbelt hatten. Sie beschränkte sich darauf, die Schnur, die ihn halten sollte, Zentimeter für Zentimeter zu untersuchen, und verkroch sich dann im Dunkel unter der alten Nähmaschine. Sie kam erst wieder hervor, als Sam zusammen mit einer behäbigen schneeweißen Katze durch das Kellerfenster lugte. Das war Blanca. Seit Jahren lebte sie faul im oberen Stockwerk und verbrachte ihre Zeit mit Fressen und Schlafen. Sie hatte die Mäusefamilie nie bemerkt, und als diese schließlich unvorsichtigerweise aus der Deckung kam, hatte sie Verfolgungsjagden vorgetäuscht – nur vorgetäuscht –, um sich Respekt zu verschaffen. Sie mochte die drolligen, flinken Wesen, und ebenso die kleine Schildkröte – vor allem jetzt, da Sam ihr erzählt hatte, was sie sich wünschte. Den Blick auf irgendeinen Punkt jenseits der Straße gerichtet, hatte Blanca mit vibrierendem Schwanz zugehört und versprochen, zu helfen.

»Und wie?«, fragte Mutter Ester schüchtern.

»Wir binden das eine Ende um den Panzer, und von oben zieht Blanca am anderen Ende«, antwortete Sam und deutete auf die Kellerluke, die noch unerreichbarer erschien als sonst.

»Was, wenn jemand uns sieht?«, fragte eine der Mäuse.

»Genau ... und man uns dann aus dem Keller wirft?«, gab eine andere zu bedenken.

Blanca antwortete nicht.

Erst als Mutter Ester fragte: »Was, wenn Hugo abstürzt?«, beugte sich die Katze zu ihr hinunter und antwortete.

»Ich werde ihn festhalten wie mein eigenes Kind«, sagte sie. »Er stürzt nicht ab.«

Und Ester spürte, dass sie ihr glauben konnte.

Sie zogen ein paarmal prüfend am Knoten,

versicherten sich, dass die Kordel lang genug war, und verabredeten sich für den nächsten Tag, denn dies war kein Ausflug und erst recht keine Flucht, sondern ein ruhiges, wohldurchdachtes Weggehen, und vielleicht deshalb ohne Wiederkehr.

»Wie fühlst du dich, Hugo?«, fragte Sam an dem Abend.

»Mir geht's gut, Sam.«

»Du hast es dir nicht anders überlegt?«

»Nein.«

»Hast du keine Angst vor dem, was dir dort draußen begegnen oder nicht begegnen könnte?«

»Gar nicht.«

»Es ist fast Herbst, was, wenn du einschläfst?«

»Das werde ich nicht, Sam. Außerhalb dieses Kellers kann mich der Winter nicht finden.«

Die Kordel war fest genug, der Knoten hielt, und Blanca tat, was sie Ester versprochen hatte.

Als Hugo die Betonkante des Fensters berührte, war er vom Licht fast geblendet und kniff die Augen zusammen, weil er die unerwartete Helligkeit nicht ertrug. So verharrte er lange Zeit, bis das Rumpeln eines Fahrzeugs ihn mit Wucht aus dem Keller schleuderte. Jetzt war Hugo im Freien und konnte seinen Blick schweifen lassen. Also schaute er. Er sah den grauen staubigen Asphalt. Er sah Papierfetzen und Blätter, die der Wind vor sich hertrieb. Er sah Haustüren, die zuschlugen und wieder aufgingen. Er sah geöffnete und geschlossene Fenster. Er sah abgeblätterte, schmutzige Mauern. Er sah Menschen vorbeihasten und aus dem Blickfeld verschwinden. Er sah die Dächer der Häuser und

dann, mit Mühe – indem er den Kopf so weit hob, wie der Panzer es ihm erlaubte – sah er ein Stückchen Himmel.

»Oh …«, sagte er.

Alles erschien ihm so schön und dem Keller so fern, dass er am liebsten den Blättern und Passanten nachgelaufen wäre, in die Fenster gespäht hätte und dann auf die Dächer geklettert wäre, um das Blau zu berühren.

»Oh …«, sagte er noch einmal.

Doch als er versuchte, mit der Schnelligkeit dieser zum ersten Mal erblickten Welt mitzuhalten, wurde ihm klar, dass er das nicht schaffen würde. Vielmehr zeigte sich die im Keller wahrgenommene Langsamkeit nun, im Licht der nie zuvor gesehenen Sonne, noch deutlicher. Noch unüberwindlicher.

»Alles in Ordnung?«, fragte Sam.

Und um ihm nicht sofort seine erste Enttäuschung zu gestehen, antwortete Hugo: »Ja, alles in Ordnung.«

Es war eine Zeit voller Entdeckungen und endloser Tage, die Hugo jedoch wie betäubt zurückließen. Er versuchte, jede Straße zu erkunden, die Gärten der Häuser zu durchforsten, Gittertore zu überwinden, die wie Gefängnisse wirkten; vor allem versuchte er, mitzuhalten mit dem, was er sah: dem schnellen Trab der Hunde, dem raschen Flug der Vögel und Insekten, dem raschen Schritt der Männer und Frauen, die ständig in Bewegung waren. Doch Hugo konnte nicht mithalten und ermüdete.

»Sehen sie die Dinge überhaupt, wenn sie es so eilig haben?«, fragte er Sam eines Tages.

Trotz seines Alters hielt Sam mit ihm Schritt, angetrieben von jener geheimnisvollen Kraft, die er aus der Freundschaft mit jemandem gewann, der so anders, so weit hinter ihm und ihm dennoch so

ähnlich war. Schweigend blickte er in den Himmel, der zwischen den schon bald kahlen Zweigen der Bäume dunkel wurde.

»Es wird allmählich kalt, Hugo«, hatte er schließlich geantwortet. »Wäre es nicht besser, in den Keller zurückzukehren?«

»Aber ich will doch den Winter sehen, Sam«, sagte Hugo, obwohl er spürte, wie eine seltsame Schwere ihm in die Glieder kroch und den Herzschlag verlangsamte.

»Was soll es da schon zu sehen geben? Im Winter ist alles genauso, nur kälter.«

»Eben, ich will auch die Kälte spüren, wissen, wie sich das anfühlt. Ich will wie alle anderen sein.«

Sam überlegte. »Dann müssen wir dir ein geschütztes Plätzchen suchen. Und zwar, bevor der Wind, der Regen und vielleicht der Schnee kommen.«

Hugo wiederholte die Worte, die er bisher nie gebraucht hatte: »Wind, Regen, Schnee …«

»Und du, Sam?«, fragte er dann.

»Ich?«

»Ja, ich meine, gehst du dann fort?«

Der alte Mäuserich lächelte. »Erst, wenn ich dich in Sicherheit weiß, Hugo. Ich kann nicht lange draußen bleiben, dazu bin ich zu alt.«

»Also werde ich dich eine ganze Weile nicht sehen, Sam?«

»Ich fürchte, nein.«

»Aber im Frühling kommst du wieder?«

Und weil Sam abermals schwieg, bohrte Hugo nach: »Du sagtest, du seist zu alt, Sam. Was wird denn passieren?«

»Nichts. Ich bin wie diese Bäume«, sagte Sam und deutete auf die knorrigen Stämme, »ich werde einfach immer älter.«

»Mehr nicht?«

»Mehr nicht.«

»Versprichst du mir das?«

Sam lächelte. »Ja, mein Freund. Das verspreche ich dir.«

Eine Maus brachte ein paar Strohhalme, eine andere sammelte Wollflusen zusammen, eine dritte schlug vor, zwischen den Lumpen im Keller nach etwas Wärmendem zu suchen. Blanca schleppte mit den Zähnen einen Lappen herbei, der kratzig war und pikste, aber gerade deshalb den Wind abhalten würde, wie sie sagte. Und so bekam Hugo in einer Ecke des Parks, wo niemand ihn entdecken würde, seine erste Wohnung.

Von dort aus würde er den Winter beobachten.

Sam hatte alles beaufsichtigt, und als jedes Ding an seinem Platz zu sein schien, verabschiedete er sich von seinem Freund: »Hab einen guten Winter, Hugo. Und … bleib in Deckung, wenn die Kälte kommt.«

»Ich kann es gar nicht abwarten, den Regen kennenzulernen, und dann den Wind und den Schnee«, antwortete Hugo mit vor Begeisterung bebender Stimme. »Danke für alles, Sam. Und dir auch einen guten Winter. Im Frühling sehen wir uns wieder.«

Der alte Mäuserich nickte, dann ging er vielleicht noch langsamer als sonst davon. Hugo blickte ihm nach, bis er hinter dem herbstmatten Gras verschwunden war, und spürte zum ersten Mal, dass er fror.

Er lernte den Wind kennen, er lernte den Regen kennen. Das Pfeifen und Prasseln in den Ästen und Blättern der Bäume war eine nie gehörte Melodie, die ihn wiegte und einlullte. Von Stunde zu Stunde kämpfte Hugo gegen das Bedürfnis an, die Augen zu schließen und sich dem Schlaf hinzugeben. Er schlummerte ein Weilchen, bis der Gedanke an den Schnee ihn abermals packte, mehr als die Kälte. Dann, eines Morgens, hielt alles inne, und in der Stille begann vom klarsten Himmel, den er je gesehen hatte, etwas Weißes niederzuschweben. Ganz lautlos fiel es herab. Manche Flocken waren klein und funkelten im Gegenlicht, andere waren schwerer und segelten schneller zu Boden, wieder andere stürzten in die Tiefe, und alle zusammen vereinten sich zu einer immer dichteren Schicht, die höher und höher wuchs.

Es dauerte einen ganzen Tag und eine Nacht. Am nächsten Morgen erblickte Hugo eine vollkommen neue Welt. Und obwohl er eine eigenartige Benommenheit verspürte, wurde er wieder wach, als er Kinder sah, die herumrannten und mit dem Schnee spielten. Ihre Stimmen klangen so fröhlich, dass er jede Mahnung und jedes Versprechen vergaß. Er krabbelte hinaus. Langsam und ein wenig schwerfällig schob er sich durch das Weiß, in dem die Beine einsanken. Es war so schön, strahlend und rein, dass man lächeln musste, und Hugo wusste nicht recht, ob er die Augen zusammenkniff, weil er geblendet oder weil er müde war. Er wäre gern noch weiter bis zu den Kindern gekrabbelt, doch er spürte, dass er verschnaufen musste.

Nur einen Moment, sagte er sich.

Und ohne es zu merken, zog er erst die Beine und dann den Kopf in den Panzer, so tief hinein, wie er konnte.

In dem Moment begann es wieder zu schneien.

Ein kleiner Junge entdeckte ihn durch Zufall.

Beim Spielen bemerkte er einen Stein, der aus dem Weiß lugte. Ohne ein Wort zu sagen, hob er ihn auf, ließ ihn in die Tasche seines Mantels gleiten und rannte nach Hause.

»Das ist kein Stein«, sagte sein Vater.

»Was dann?«

»Das ist eine Schildkröte, wo hast du sie her?«

»Ich habe sie im Schnee gefunden …«

Der Mann betrachtete sie aufmerksam: »Wer weiß, wie lange sie schon dort lag. Die Kälte könnte ihr geschadet haben.«

»Dann nehmen wir sie mit, wenn wir fahren, Papa. Dort ist es immer warm …«

»Haben wir nicht sowieso schon zu viel Zeugs, das wir mitschleppen müssen, Gabry?«

»Ich nehme sie in meiner Hosentasche mit.«

»Aber vielleicht ist es zu spät.«

»Nein«, sagte der Junge und legte das Ohr an den Panzer, »ich weiß, dass es nicht zu spät ist.«

Ich heiße Ted, bin ein zwei Jahre alter Mäuserich, und Sam ist für mich ein so weit entfernter Vorfahr, dass er mir wie eine Legende oder eine Märchenfigur vorkommt. Schon seit Jahren kann sich niemand von uns mehr daran erinnern, welche Farben sein Fell hatte, ob er ein großer, starker Mäuserich war oder wie flink er laufen konnte. Nur eines ist gewiss: seine Freundschaft mit Hugo Singer.

Ich habe so oft an die beiden gedacht, dass ich irgendwann – und das ist vor allem den Worten von Ester zu verdanken, die sich noch immer bester Gesundheit erfreut – beschlossen habe, ihre Geschichte zu erzählen. Dabei bin ich nur eine Kellermaus, und hier unten gibt es nur noch wenige von uns, die sich für Geschichten begeistern. Ich habe viele Erzählungen gesammelt und vielleicht das eine oder andere hinzuerfunden, um die Lücken zu schließen, aber gelogen habe ich nie, denke ich. Fantasie ist eine andere Form von Wahrheit, aber deshalb nicht weniger aufrichtig. Dank ihr weiß ich, dass ich es trotz meiner langsamen Beine (eine echte Ausnahme im gesamten Zweig meiner riesigen Familie) schaffen kann, hier herauszukommen und mein Stück von der Welt zu entdecken, genau wie Hugo. Ich finde auch, es ist keine Lüge, wenn ich die Briefe, die ich nach Übersee schicke, mit Sam unterschreibe. Im Grunde respektiere ich nur den Willen meines Mäusevorfahren, der seinen Freund so sehr geliebt hat, dass er ihm den Schmerz über sein eigenes Ableben und die Verlegenheit wegen seiner Langlebigkeit für immer ersparen wollte.

Was ich von dem Ganzen habe? Da käme niemand drauf: die Entdeckung der Welt da draußen, da, wo die Fantasie allein nicht ausreicht. Denn alles, was ich weiß, habe ich Hugo zu verdanken, und einem Versprechen, das Sam ihm an einem Herbstnachmittag gab. Ich bin mir sicher, dass diese von weither kommenden Briefe mich das Träumen gelehrt haben. Hugo findet immer einen Weg, sie an ihr Ziel kommen zu lassen, mal nutzt er Zugvögel, mal vertraut er sie Schiffsratten an, die sich noch immer selbst auf den luxuriösesten Dampfern verstecken. Seit nunmehr zwei Jahren bin ich Sams Stimme, davor waren es mein Vater und mein Großvater und wer weiß wie viele andere vor ihnen. Es stört mich nicht, im Gegenteil. Dass ich noch lebe, liegt daran, dass ich an diesem dunklen und feuchten Ort, den zu verlassen ich noch nie versucht habe, schreibe und zu einem anderen werde. Auch jetzt, und darin besteht meine Freude.

Lieber Hugo,

ich freue mich immer, Deine schönen Nachrichten zu erhalten und zu wissen, dass Du gesund und munter bist. Mir geht es auch gut. Du weißt ja, ich werde alt, genau wie die Bäume, erinnerst Du Dich? Aber es ist ein sanftes Altern, das dem Rhythmus Deiner Natur ähnelt, jetzt, da Du gelernt hast, sie zu lieben. Ich bin so glücklich, dass Du Deinen Traum wahr gemacht hast, Dein Leben ganz zu leben und den Winter zu erfahren, um ihn meiden zu können. Und auch, dass die Welt – samt ihrem Lärm und ihrer Raserei – Dir keine Angst gemacht hat. Du hast mich vieles gelehrt, mein Freund, vor allem, an das Gute zu glauben und Dinge anzunehmen, die zwar schwierig, aber ein Teil von uns sind, den wir uns nicht ausgesucht haben (mein Alter, Dein Panzer). Und trotzdem das Wünschen nie zu verlernen. Erzähl mir auch weiterhin von Dir, Hugo, und es wird jedes Mal sein, als wären meine Beine noch immer so flink wie einst. Ich werde hier stets auf Dich warten.

Dein Freund Sam

Die italienische Originalausgabe erschien 2023 unter dem Titel
»Il lungo inverno di Ugo Singer« bei Bompiani, Florenz/Mailand.

Der Verlag behält sich die Verwertung der urheberrechtlich
geschützten Inhalte dieses Werkes für Zwecke des Text- und
Dataminings nach § 44 b UrhG ausdrücklich vor.
Jegliche unbefugte Nutzung ist hiermit ausgeschlossen.

Penguin Random House Verlagsgruppe FSC® N001967

Wunderraum-Bücher erscheinen im
Wilhelm Goldmann Verlag, München,
einem Unternehmen der
Penguin Random House Verlagsgruppe GmbH.

1. Auflage
Deutsche Erstveröffentlichung Oktober 2024
Copyright © Elisa Ruotolo, 2023
Copyright © 2023 Giunti Editore S.p.A./Bompiani, Florence-Milan.
Published & Translated by arrangement
with Silvia Meucci Agency, Milan.
Copyright © dieser Ausgabe 2024
by Wilhelm Goldmann Verlag, München,
in der Penguin Random House Verlagsgruppe GmbH,
Neumarkter Str. 28, 81673 München
Illustrationen von Chiara Palillo
The illustrations by Chiara Palillo were created during a course at Ars in Fabula,
Master in Illustration for Publishing, coordinated by Mauro Evangelista.
Umschlaggestaltung: buxdesign GbR/Ruth Botzenhardt, München
Redaktion: Viktoria von Schirach
KN · Herstellung: KH
Satz: Buch-Werkstatt GmbH, Bad Aibling
Druck und Bindung: Friedrich Pustet, Regensburg
Printed in Germany
ISBN 978-3-442-31737-0

www.wunderraum-verlag.de

Auf Wiedersehen im
WUNDERRAUM

www.wunderraum-verlag.de